Eterneller

Odling   skörd   torkning

av

Anders Berglund

KONSTEN ATT ODLA ETERNELLER

Det är inte svårare att odla eterneller än vilka andra sommarblommor som helst. Svårigheten att få vackra eterneller ligger mer i kunskapen om att skörda blommorna vid rätt tid och sedan torka dem på rätt sätt.

Direktsådd eller förkultivering? Även om de flesta ettåriga arter går att så direkt på friland är det både enklare och säkrare att så fröerna i sålådor inomhus och dra upp plantor för utplantering.

SPECIALAVDELNING: ATT ODLA RISP

Risp har fått en specialavdelning i boken eftersom rispen har en lång utvecklingstid och därför behöver lite extra omvårdnad.

BAKGRUND

1970 gav Anna-Lisa Stråge ut *Boken om eterneller.* Hon hade sin eternellodling på Björnnäs gård i Sörmland och även en butik i Stockholm med det passande namnet Eternellen.

Tolv år senare publicerade Sveriges Lantbruksuniversitet skriften *Odling av annuella, bienna och fleråriga blommor samt prydnadsgräs som eterneller* av Karl Wikesjö.

Under 1980-talet var intresset för eterneller och eternellodling mycket stort. Många ville starta både små och större odlingar. Efter ett par decenniers svacka tycks nu eterneller åter väcka människors lust att både odla och arrangera torkade blommor.

LITTERATUR

Boken om eterneller
Anna-Lisa Stråge

Boken vänder sig till alla som funderar på att skaffa sig en egen husbehovsodling av eterneller, till dem som vill ha råd och uppslag angående bindning och arrangemang - och naturligtvis till alla som älskar blommor och blommors historia.

Natur och kultur 1970

Odling av annuella, bienna och fleråriga blommor samt prydnadsgräs som eterneller
Karl Wikesjö

Författaren hoppas att denna information om odlingen samt val av lämplga släkten och sorter skall bidraga till ökat intresse för odlingen.

Trädgård 231 Alnarp 1982

Att torka blommor
Ruth Hellsing

Den här boken ger en grundlig beskrivning i konsten att torka och arrangera blommor till dekorativa kransar och buketter. Boken innehåller dessutom en växtförteckning och många instruktiva teckningar.

Rabén & Sjögren 1983

3

KÄLLSLÄTTENS ETERNELLER

Under åren 1979 till 1991 odlades det eterneller på Källslätten, en liten gård utanför Mariefred. Källslättens eterneller var en liten odling med en odlingsyta av ca 1000 kvm.

Till en början frösåddes det mesta, men ganska snart blev plantuppdragning den odlingsmetod som praktiserades. De sorter som odlades var främst risp, roseneternell, sideneternell, jätteeternell, sandeternell, guldeternell och olika gräs som ekorrkorn, harsvans och jättelosta.

Odlingsytan arrangerades med upphöjda sängar, en meter breda och ca 25 meter långa. Plantorna sattes ut i förband i fyra rader med ett avstånd på 20-25 cm från varandra. En fullplanterad säng gav plats för cirka 400 plantor.

4

Från början av 1980-talet planterades årligen ca 8.000 -10.000 plantor ut. Det i sin tur resulterade i mer än 100.000 stjälkar som efter ett par veckors torkning ordnades i buketter och andra eternellarrangemang.

Skördandet av eternellerna började i slutet av juni och fortsatte sedan under juli och de första veckorna av augusti. Eftersom det är bäst att plocka soliga dagar (eller åtminstone regnfria) blev det som mest cirka 40-50 dagar att plocka.

Eternellerna torkades i en cirka 40 kvm uppvärmd bod med god ventilation. Allt eftersom dagarna kortades av i augusti blev det färre blommor att plocka. Då övergick arbetet med eternellerna till nästa fas; att börja arrangera buketter.

BOTANISKA NAMN

Carl von Linné (1707-1778) systematiserade alla våra växter. Han delade in växterna i familjer, släkten, arter, klasser, serier, underarter och varieteter.

I boken *Systema naturae* 1735 introducerade han sitt system för klassificering. *Flora suecica* utkom sedan 1745 och *Species plantarum*, 1753. I det senare namngavs och klassificerades ca 8000 växter.

Vi kan ta sandeternellen som exempel på hur det botaniska namnet är konstruerat: *Ammobium alatum 'Grandiflora'*.
Det första namnet *Ammobium* är släktnamnet som skrivs med stor bokstav. Det andra namnet *alatum* är ett artnamn som anger en för växten typisk egenskap. Artnamnet skrivs alltid med liten bokstav. Det tredje namnet *'Grandiflora'* är ett sortnamn som skrivs med stor bokstav och enkel apostrof på båda om namnet.

alba - vit
alatum - bevingad
annuum - ettårig
bellus - vacker
edulis - ätlig
erectus - rak, upprätt
fragilis - bräcklig, ömtålig
fragrans - väldoftande
infestus, farlig, skadlig
nobilis - förnäm
officinalis - läkeväxt
perennis - beständig
rosea - rosenfärgad
toxicus - giftig
vulgaris - vanlig

6

VAD ÄR EN ETERNELL?

Eterneller, evighetsblommor, immorteller - kärt barn har många namn. Vad kännetecknar då en äkta eternell? Den allra vanligaste definitionen är att det är en växt som efter torkning behåller både form och färg.

En eternells blommor har faktiskt redan på växtplatsen kronblad eller hyllen med en pappersliknande textur.

Roseneternell   Sideneternell

Jätteeternell   Risp

Rispvarieteten Heavenly Blue i full blom.

7

ODLINGSÅRET

När snön ännu täcker marken men våren börjar närma sig är det dags att börja planera årets odlingar. Vid den här tiden andas allt hopp. Vårens och sommarens utmaningar med rådjur, mördarsniglar, torka, slagregn och frost känns väldigt avlägsna.. Ungefär så här brukar ett normalt år se ut för eternellodlaren:

Februari - planering och beställning av fröer
Mars - sådd av sena sorter (risp) i sålådor
April - sådd av tidiga sorter som roseneterneller,
          jätteeterneller m.fl. och krukning av risp
Maj - krukning av tidiga sorter, markberedning
Juni - utplantering på friland och rensning
Juli och augusti - skörd
September och oktober - arrangemang av eternellerna

FRÖER OCH SÅDD

För en säkrare - och tidigare - säsong kan det vara en god idé att förodla eternellerna. Särskilt gäller detta rispen, men också övriga eterneller som har en kortare tid mellan sådd och blomning.

SÅLÅDA...

...OCH MINIVÄXTHUS

Det går alldeles utmärkt att så fröer i en plastlåda för vindruvor.
Om du gör några dräneringshål i botten av lådan får du ett miniväxthus till din sådd.

Här är det Stjärneterneller som till en början också hade lådans lock till tak - precis som ett litet växthus!

GRONINGSTIDEN

Under groningstiden behöver fröerna inget ljus. Det räcker med jord, vatten och värme. Vardagsrummet duger fint med sin jämna värme.

När fröna väl har grott placeras sålådorna ljust och svalt för att växterna inte ska ränna iväg och bli veka och skrangliga.

KRUKNING

När du skolar dina plantor: Köp kvalitetsjord och inte den billigast tänkbara! Det är väl värt att lägga på några extra kronor för att få en fin utveckling av plantorna.

Det tar lite tid att förkultivera plantorna, men du får igen det genom att dina plantor etableras säkrare i jorden och får ett försprång mot ogräset vid utplanteringen.

Plastkrukor är att föredra framför torvkrukor särskilt
när det gäller risp. Rispen tycker illa om att få sitt
rotsystem stört - som det blir om rötterna tillåts växa
igenom torvkrukan...

... å andra sidan går förstås utplanteringen snabbare
med torvkrukor eftersom man då kan sätta ned hela
krukan i jorden. Det sparar lite tid om du har bråttom
och många plantor att sätta ut.

13

PLASTTUNNEL

Om du inte har tillgång till ett växthus går det minst
lika bra med en enkel plasttunnel för att skydda
plantorna mot frost.

Soliga dagar och när plantorna ska avhärdas några
dagar innan utplanteringen är det bara att lätta lite
på plasten.

AVHÄRDNING

Innan plantorna planteras ut för att möta vädrets makter måste de avhärdas. Det betyder att de gradvis får vänja sig vid uteklimatet under drygt en vecka.

Om plantorna tas ut direkt från sin skyddade växthusmiljö kommer de att få problem vid dåligt väder. I växthuset är det varmt och frostfritt, men framför allt är det vindstilla.

Prydnadspumpor, stjärneterneller, roseneterneller och risp ute på vift.

15

UTPLANTERING

Beroende på var i landet du bor (och vädret) är det dags för utplantering i maj eller juni.

Det kan förstås vara en chansning med tanke på frosten - men ju tidigare plantorna kommer ut i landet desto fler blommor kan du skörda under sommaren.

Här sitter plantorna i "förband" (sicksack) med jämna avstånd så att rensningen underlättas.

Nu har det gått ett par veckor...

SÅDD PÅ FRILAND...

Vid sådd på friland krattas först en såbädd till. Eventuellt ogräs plockas bort. Vi kan välja mellan att bredså över hela odlingsytan eller att så i rader.

Här är det förberett för radsåsdd. Fårorna dras upp med krattans kant eller med en liten spade. Vattna i fårorna och så glest. Täck fröna med jord och tryck till lite lätt med krattan. Markera gärna raderna med pinnar. Sedan är det bara att vänta på att sådden ska titta upp!

...ELLER UTPLANTERING?

Utplanterade Jätteeterneller på jämna avstånd.

Sådd på friland

+ Mindre arbete och lätta arbetsmoment (innan rensningen)

+ Sparar in på både krukor och planteringsjord

- Sådden kan bli för tät eller för gles

- Ogräsfrön kan gro samtidigt som de sådda fröna

- Frömängden blir större än vid förkultivering

Utplantering

+ Det går lätt att sätta ut plantorna med rätta avstånd

+ Plantorna får ett försprång framför ogräset

+ Rensningen blir enkel

+ Det räcker med en mindre frömängd

+ Tidigare skörd

- Krukor och jord måste införskaffas

- Plats för sålådor och krukor i växthus eller inomhus

19

VÄXTPLATS, JORD...

De flesta eterneller vill ha ha en varm, lätt, näringsrik och väldränerad jord att växa i. Så har vi tyvärr inte alla det beskaffat i vår egen trädgård. I Södermanland, som på många andra ställen i landet, dominerar lerjordarna.

Tunga lerjordar borde det alltså gå sämre att odla eterneller i, men leran har sina fördelar. Den är visserligen kallare än sandjordarna men det går att lösa genom att anlägga upphöjda sängar. Då blir dräneringen bättre och växtplatsen lite varmare.

Torra somrar (som vi tycks få allt fler av) är lerjorden också bättre än sandjorden på att behålla både fukt och näringsämnen.

Växtplatsen bör vara så solig som möjligt och allra helst också vindskyddad. Som alla andra sommarblommor behöver också eternellerna vattnas vid torkperioder, särskilt under den första tiden efter utplanteringen.

...OCH JORDFÖRBÄTTRING

För att lätta upp tunga lerjordar kan
man blanda sand och kompost i jorden.

Sanden får inte vara för finkornig t.ex. mursand
utan gärna lite grövre som rörgravsgrus med en
kornstorlek upp till 8 mm.

REGN

Alla pratar om vädret, men ingen gör någonting åt det!
Vädret är ett kärt samtalsämne för alla oss som odlar.

Vi odlare är sällan nöjda med vädret, framför allt inte när
det regnar över 100 mm på ett dygn. Det här året ruttnade
tyvärr många plantor bort.

TÄNKBARA PROBLEM

Inget odlingsår är det andra likt. De lärdomar som har dragits från ett år visar sig ibland vara helt fel nästa år. Men - det kan ju gå bra också!

FROST

Vårfrosten kan undvikas genom att inte ha för bråttom med sådd och utplantering. Är plantorna redan utplanterade kan de täckas med vassmattor, säckväv eller liknande. Vid sena sådder kanske man får problem med höstfrosten i stället.

TORKA

Sällan regnar det lagom mycket, men då och då får vi en perfekt sommar med stilla sommarregn på nätterna och soliga, varma dagar. Bevattning med vattenkanna för den lilla odlingen och med vattenspridare för den stora odlingen är ofta nödvändig under juli och augusti.

SKADEDJUR

Var ska vi börja? Rådjuren tillhör inte odlarens närmaste vänkrets. Inte heller harar, sniglar och bladlöss är välkomna i odlingarna. Vi får stängsla, plocka sniglar och spruta såpvatten efter bästa förmåga.

RENSNING

När utplanteringen är klar gäller det att hålla sin odling
så ogräsfri som möjligt. Sitter plantorna på jämna avstånd
går det lätt att skyffla mellan dem. Det är ett ganska trevligt
jobb och inte särskilt ansträngande heller...

Rensat och klart! Nu får naturen göra sitt.

ETERNELLER PÅ GÅNG...

Plantor av roseneternell. Det här är en verklig trotjänare. Roseneternellen blommar tidigt och är inte så kinkig varken när det gäller jordmån eller väder. En enda planta ger cirka 25-30 blommor under en säsong.

Sideneterneller är lite känsliga för torka men vid jämn vattentillgång ger ocks de rikligt med blommor.

REDSKAP

Vilka redskap man föredrar är olika från person till person. Redskapen på bilden kan säkert räcka för de flesta odlingar. Slang, vattenkanna och lövkorg att samla ogräs i är också bra att ha.

Kultivatorn med sina tre klor är bra att börja med för att luckra upp jorden efter vintern.

Krattan är förstås oundgänglig för att få till en jämn odlingsyta.

Skyffeljärnet används med fördel vid rensning mellan plantorna. Det skär av rötterna på ogräsen och luckrar samtidigt jorden.

Renstråden eller Luckon är mycket verksam mot små fröogräs men har det inte så lätt mot tistlar och kvickrot.

En stor fördel med alla skaftförsedda redskap är ju att man inte behöver böja sig så mycket. De tre hand-redskapen, maskrosjärn, renstråd och spade innebär närkamp och en låg angreppsposition, gärna med en mjuk dyna som tröst för knäna.

26

SKÖRD

Växterna vill blomma och sätta frö för att föra livet vidare.
När du skär eller klipper av en blomstjälk kommer växten
att satsa på att producera nya stjälkar. Därför får du fler
blommor ju mer du plockar!

Skära av blommorna med kniv eller klippa med sax?
Det är en smaksak...men för den som vant sig vid kniv
känns det otympligt med sax.

TORKNING

Här hänger det nyplockade eterneller på tork. De får förstås inte hänga ute över natten utan de hängs upp i ett mörkt och luftigt rum. Mot hösten och vid flera regndagar i rad är det bra med lite extravärme i rummet.

Eterneller med tunna stjälkar kan buntas i knippor om cirka 20 stjälkar. Det gäller till exempel roseneterneller, sideneterneller, Golden Sun och guldeterneller. Risp, sandeterneller och jätteeterneller som har lite tjockare stjälkar kan buntas med ett dussin i varje knippa. Tråd eller gummisnodd? Det är en smaksak.

Torktid
De tunnstjälkiga eternellerna brukar torka på en dryg vecka medan risp och jätteeterneller tar lite längre tid på sig. Nästan alla eterneller (utom pappersblomster) hängs upp och ned. När du plockar ner en bukett och ingen blomma böjer sig när du vänder på buketten horisontellt har eternellerna torkat klart.

Så här ljust ska eternellerna inte hänga.
Det gör de bara när de är fotomodeller.

29

TORKSTÄLLNING

En torkställning för eterneller kan göras på många olika sätt. Den här ställningen är gjord av stroläkt, cirka 1 x 1,5 cm.

Ett par krokar i taket och ett par krokar i läktens ändar behövs. Tänk på att många buketter tillsammans kan bli ganska tungt, så ta inte för små krokar vare sig i taket eller i läkten!

Bambukäppar eller liknande kan användas för upphängningen. Käpparna kan hängas på spikar i läkten eller små verktygshållare som man kan snäppa upp käpparna på.

ETERNELLKROKAR

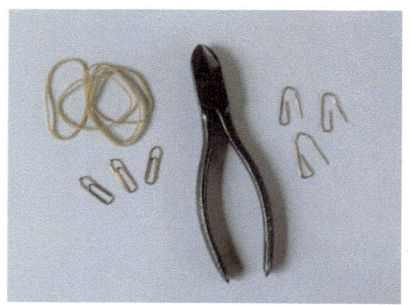

Ett enkelt och billigt sätt att göra egna eternellkrokar är att använda sig av gem.

Vinkla ut gemets skänkel, klipp bort en del av den inre bågen och vips! Kroken är färdig.

30

Pappersblomstren kan stå för sig själva...

...likaså rispen.

31

RISP
Limonium sinuatum (Statice)

ODLING

Risp har en lång utvecklingstid från sådd till bloming. Vid sådd inomhus i mitten av mars och utplantering i slutet av maj inträffar den första blomningen i början av juli. Rispen vill ha näringsrik jord och full sol för att trivas riktigt bra.

Rispen blir sällan angripen av ohyra eller sjukdomar. Mycket regniga somrar kan det bli problem med gråmögel som förstör blomfästena.

SKÖRD

Skördas när hela blomman är fullt utslagen. Var noga med att plocka plantornas allra första blommor! Rispen kommer då att svara med att skjuta upp nya stänglar hela sommaren ända till frosten.

TORKNING

Rispen kan torkas hängande, men klarar av att hålla sig upprätt under torkningen stående i korg eller kruka.

32

Risp i olika färger kan förgylla vilken odling som helst.
Mer om odling av risp finns att läsa på sid. 53

Blårispens blommor är vita och mjuka. De torkar in.
Kvar blir de blå hyllena som blommorna sitter i.

SIDENETERNELL
Rhodanthe manglesii

ODLING

Det finns två varieteter av Rhodanthe manglesii - rosa och vit. Den vita har tillnamnet 'Alba'.Sideneternellen kan direktsås på kalljord när frostrisken är över. Vid sådd i sålåda brukar det fungera bra att så i slutet av april. När plantorna börjar trängas i sålådan planteras de en och en i varsin kruka.

SKÖRD

Allra vackrast blir sideneternellen om man lyckas skära den med en blomma utslagen och en eller två sidenglänsande knoppar bredvid. För att lyckas med det gäller det att passa noga på. Väntar man för länge blir den första blomman överblommad - men i gengäld kan man då få två blommor på samma stängel, men tyvärr inga knoppar.

TORKNING

Som alla eterneller med tunna stjälkar torkar sideneternellen snabbt. Räkna med en till två veckor i normal rumsvärme.

34

SIDENETERNELLENS HISTORIA

Sideneternellens hemland är Australien. Hit kom den botaniskt intresserade sjökaptenen James Mangles vid Engelska flottan 1831. Han tog med sig sideneternellen hem till England och 1835 beskrevs och avtecknades den i Botanical register, London. I Sverige har sideneternellen saluförts och odlats åtminstone sedan 1860-talet.

FRÖPROBLEM

De senaste åren har det varit svårt eller rent av omöjligt att få tag i fröer av sideneternellen. Svenska fröfirmor har tagit bort den ur sortimentet och utländska firmor har heller inte salufört dem.

På grund av att växterna flyttats omkring i de botaniska familjerna har de också fått nya botaniska namn. Det har skapat en del förvirring. Sålunda har fröpåsar med bild på och text om sideneterneller saluförts. Först blir man glad - sedan besviken. Det visade sig att påsarna innehöll fröer av roseneternell och inte sideneternell.

ROSENETERNELL

Helipterum roseum

ODLING

Roseneternellen är mycket lättodlad och förnöjsam. Den klarar galant av både torra och blöta somrar. Om du plockar flitigt kommer varje planta att producera omkring 25-30 blomstänglar - eller ännu fler. Det finns flera varieteter av roseneternellen, rosa, röda och vita.

SKÖRD

Vid sådd i slutet av april och utplantering i maj börjar blomningen i mitten av juni. Därefter blommar roseneternellen träget på under resten av sommaren ända till frosten kommer. Blommorna ska plockas samma dag de slår ut, helst precis när knoppen just ska till att slå ut.

TORKNING

Roseneternellerna är tunnstjälkiga och torkar på en dryg vecka i vanlig rumsvärme. Torkas hängande i buntar om cirka 20 stjälkar.

36

Om natten och när det är molnigt eller regnigt går alla utslagna roseneterneller åter i knopp. Här står hundratals blomstänglar i givakt och inväntar solen. Är påföljande dag regnig står de kvar i givakt tills det blir soligt igen.

En fiffig spindel bosatte sig ett år i en roseneternell. På så sätt fick spindeln ett hus som öppnade sig med solen och stängdes på natten eller vid regn. Utanför blomman hade den sitt nät. Den spindeln fick sitta kvar i orubbat bo.

JÄTTEETERNELL

Helichrysum bracteatum

ODLING

Jätteeternellen är kanske den eternell de flesta kommer att tänka på när det gäller torkade blommor. Den finns i många olika färger och även som dvärgvarianter. Fröerna är ganska små och jätteeternellen tar lite tid på sig, både att gro och att växa till sig. Vid förkultivering med sådd inomhus i tidig april får man fina plantor att sätta ut i juni.

SKÖRD

Jätteeternellens första blomma blir ganska stor - ibland lite för stor för för en blandad eternellbukett. Skär du av blomman med ett kort skaft kommer växten ge dig nya, mindre blommor från varje bladveck på stjälken. Du kan välja mellan att få en stor blomma eller många små. Skär blommorna redan när de är i knoppstadiet annars "kränger" de och blir inte så fina.

TORKNING

Som alla eterneller med tjockt behöver jätteeternellen också någon extra vecka på sig flr att torka. Bunta med 10-12 stjälkar per bukett.

38

SANDETERNELL

Ammobium alatum 'Grandiflora'

ODLING

Sandeternellens blommor ser ut som små, vita jätteeterneller. Växtens blad bildar en rosett och från denna rosett skjuter blomstänglarna upp centralt. Stänglarna kan bli upp till 90 cm höga. När blommorna slår ut visar de en gul mitt som efter torkningnen blir mörkbrun eller svart. Sås inomhus i april skolas i 6 centimeters krukor och utplanteras i maj-juni.

SKÖRD

För den som vill bevara den vita blomknoppen efter torkningen skördas den på ett tidigt stadium innan blomman slagit ut. Då får man en helt vit liten blomma till sin bukett. Den som hellre vill ha blomman lite större - och med mörk mitt - skär den när blomman är utslagen och den gula mitten är synlig.

TORKNING

Sandeternellens stjälkar är inte runda utan har bladlister som torkar in efter ett par veckors torkning. Då framträder den vackra blomman tydligare. Bunta med cirka 12 stjälkar per bukett.

39

GULDETERNELL

Helipterum humboldtianum

ODLING

Guldeternell - eller odlat Hedblomster - härstammar från Australien. Blommorna är samlade i flocklika blomställningar med en klart lysande gul färg, cirka 15-20 cm hög. Den trivs bäst i en torrare jord och tål inte våt och kall jord. Detta kan åtgärdas med upphöjda sängar som gör jorden lite varmare och torrare. Kan sås direkt på växtplatsen i maj-juni och blommar augusti-september.

SKÖRD

Blommorna skördas innan alla små blommor i blomställningen slagit ut. Väntar man för länge blir guldeternellerna spröda och går lätt sönder efter torkningn,

TORKNING

Guldeterneller torkar snabbt med sin tunna stjälkar. De torkas hängande i buntar om 20 stjälkar.

40

AXRISP
Limonium suwurowii

ODLING
Axrisp utvecklar långa eleganta stänglar med små rosa blommor. Den härstammar från Turkmenistan och har en snabbare utvecklingstid än sin släkting Limonium sinuatum, blårisp. Den kan frösås direkt på växtplatsen, men förkultivering och skolning av plantorna ger en säkrare skörd.

SKÖRD
Stänglarna skördas när blommorna fått sin vackra färg, men innan alla blommor i toppen är utslagna. Väntar man för länge med skörden ramlar de första blommorna lätt av.

TORKNING
Axrispen torkas hängande med cirka 12 stjälkar per bukett.

41

GUL STJÄRNETERNELL
Schoenia filifolia

ODLING

Stjärneternellen liknar roseneternellen i växtsättet, även om de inte är släkt. Den kan frösås på friland i början av juni eller sås inomhus i maj för senare utplantering. Stjärneternellen är en härdig och anspråkslös eternell som trivs bra i vanlig trädgårdsjord i soligt läge.

SKÖRD

Skördas så snart de gula blommorna börjar slå ut. Stjärneternellen är rikblommande. Plocka ofta så får du många blommor från varje planta.

TORKNING

Stjärneterneller har tunna stjälkar och torkar på någon vecka. De torkas hängande i buntar om 20 stjälkar.

PAPPERSBLOMSTER

Xeranthemum annuum

ODLING

Pappersblomster är en lite bortglömd eternell som är väl värd att odla. Ursprungligen växter den vild på åkrarna i södra och mellersta Europa ungefär som blåklinten gör i Sverige. Det är en mycket lättodlad växt som finns i många olika färger; violett, rosa, vit, mörkrött och purpur. Eftersom pappersblomstret är både anspråkslös och rikblommande förtjänar den att bli mer odlad.

SKÖRD

Blommorna skördas fullt utslagna så snart de slagit ut.

TORKNING

Pappersblomstret har liksom rispen styva stjälkar och torkas stående.

PERENNA ETERNELLER

De flesta eternellsorter som odlas i Sverige är ettåriga. De här annuella eternellerna sås i början av säsongen, blommar under sommaren och fullbordar sin livscykel när frosten kommer.

Det finns också några eterneller och torkblommor som är bienna, tvååriga. Dessa sås under en odlingssäsong, men hinner inte gå i blom då. De övervintrar i jorden och blommar året därpå. Exempel på en sådan bienn växt är torkblomman Månviol *Lunaria annua*.

Perenna eterneller och torkblommor finns det några fler av. Det finns några sorter som är särskilt odlingsvärda och bra att ha i sin odling. I det följande beskrivs åtta olika växter som passar bra både som snittblommor och i andra arrangemang.

44

KVASTRISP
Limonium tataricum

Kvastrisp förekommer i stora odlingar i Israel med export till Europa. Det är en perenn eternell med en yvig, kvastlik blomning av små, vita blommor.

limonium = växer på äng

tataricum = från de länder där tatarerna bor

ODLING

Förökas med frö som sås i sålådor i februari - mars. Fröna har en lång groningstid. Skolas i små sexcentimeters krukor och utplanteras när vårfrosten är förbi. Kvastrisp behöver en sandblandad och genomsläpplig jord, absolut inte en styv lerjord. Solig växtplats.

SKÖRD

Kvastrispen har en lång utvecklingstid och blommorna kan skördas när hela kvisten är i full blom i augusti - september.

TORKNING

Blommorna kan torkas både stående och hängande.

SILVERRISP
Limonium latifolium

Silverrisp är en perenn växt med hemort i södra Ryssland.
Den blommar rikligt med en mängd små lavendelfärgade
blommor och blir cirka 50-70 cm hög.
limonium = växer på äng *latifolium* = bredbladig

ODLING

Silverrispen förökas med frö tidigt på säsongen i mars eller april.
Utplantering när frostrisken är över på en sandblandad lätt jord. Tunga
lerjordar är inte lämpliga därför att silverrispen då lätt ruttnar. En solig
och vindskyddad växtplats är att föredra. Året efter planteringen brukar
man få 3-4 blommor per planta

SKÖRD

Silverrispens blomning: augusti - september

TORKNING

Torkas hängande i buntar om 3-5 kvistar.

PÄRLETERNELL
Anaphalis margaritacea

Pärleternellen har odlats i många år som perenn prydnadsväxt
i Sverige. Den får små, runda och glänsande gråvita blommor
i täta samlingar. Planthöjden är ca 50-60 cm.
gnaphalium = filtluddig   *margaritacea* = pärllik

ODLING

Pärleternellen är ganska anspråkslös vad det gäller jordmån, men gärna
lite sandblandad jord. Den bildar mycket täta bestånd som gör det svårt
för ogräs att tränga sig in på växtplatsen. Förökning kan ske via frö
eller sticklingar, men enklast och säkrast genom delning.

SKÖRD

Blomningen inträffar i juli - augusti. Pärleternellen kan med fördel
skördas innan blommorna är fullt utvecklade.

TORKNING

Torktiden är cirka två veckor, torkas hängande.

RYSK MARTORN
Eryngium planum

Rysk martorn är en perenn art inom Eryngium-släktet. Här finns också Spansk martorn *Eryngium bourgatii* och Alpmartorn *Eryngium alpinum*. Rysk martorn räknas inte som en äkta eternell utan som *torkblomma*. Den är mycket uppskattad av humlor.

ODLING

En bra växtplats för martorn är ett soligt läge med sandblandad och kalkhaltig jord. Rysk martorn vildsår sig gärna där den trivs. Martorn behöver ofta stöd när den växer sig hög.

SKÖRD

Blommorna sitter i spetsarna av de rikt förgrande stjälkarna. När huvud, svepe och stjälk fått sin blåskimrande färg i juli-augusti är det dags för skörd.

TORKNING

Eftersom växten är både vass och förgrenad är det bäst att torka stjälkarna hängande med bara två, tre stjälkar tillsammans.

RIDDARSPORRE
Delphinium

Riddarsporre är en ståtlig växt som ofta odlas som ettårig, precis som vilken vanlig sommarblomma som helst. Bilden visar dock en perenn riddasporre - som är mycket lättodlad. Riddasporrarna är inga äkta eterneller men de kan göra sig fint i torkade arrangemang ändå.

ODLING

De anuella varianterna sås i vanlig trädgårdsjord i maj - juni. De perenna ridarrsporrarna förökas enklast och snabbast genom delning.

SKÖRD

Skörda riddarsporrarna vid blomningen i slutet av juli. När blommorna slår ut börjar de nerifrån på stjälken, sist slår toppblommorna ut. De blir vackrast om de skördas innan alla blommorna är utslagna.

TORKNING

Torkas hängande, cirka åtta till tio stjäkar per bukett.

RENFANA

Tanacetum vulgare

Renfana är en traditionell torkblomma som är av det härdigare slaget. Den förekommer ofta längs vägkanter och kring gamla gårdar. Växten har använts som färgväxt och ger gula och gröna nyanser. Den anses även motverka fästingar.

ODLING

Renfanan går att föröka med frö, men det är enklare att plocka åt sig en liten rotdel av en vildväxande renfana. Renfanan klarar sedan nästan vilket växtläge som helst. Bäst trivs den i full sol.

SKÖRD

Blomingen inträffar i juli. Observera att renfanan är giftig!

TORKNING

Torkas hängande i buketter med tio-tolv stjälkar.

VALLMO

Papaveraceae

Det hade förstås varit mycket roligt om vallmon hade kunnat torkas som en äkta eternell, men tyvärr. Vallmo blommar intensivt under några korta dagar i juli. Sedan faller kronbladen av och kvar blir bara frökapslarna. Det är precis vad vi är ute efter!

ODLING

Vallmo är en anspråkslös växt som finns i mängder av varianter, både annuella och perenna. Förökas med frö.

SKÖRD

Skördas när kapslarna mognat och blivit fasta, hårda och bruna.

TORKNING

Torkas hängande eller stående i buketter om tio-tolv stjälkar.

PRYDNADSPUMPA

Cucurbita pepo

ODLING

Prydnadspumpor förkultiveras inomhus och kan sås i april-maj. Lämplig temperatur för sådden är cirka 25 grader. Sänk gärna temperaturen till 18-20 grader när fröna har grott. Utplantering sker i början av juni eller när risken för nattfrost är över. Pumpor är mycket frostkänsliga. Täck gärna plantorna om temperaturen börjar krypa ner mot noll. Planteras i näringsrik jord, soligt läge med cirka 50 centimeters plantavstånd.

SKÖRD

Pumporna skördas under augusti till oktober ända till den första svåra höstfrosten.

TORKNING

Aktas för stötar!

ATT ODLA RISP

SÅDD

För att få rispen i rik blomning till sommaren bör den förkultiveras med en tidig sådd inomhus i slutet av mars till början av april. Rispen gror snabbt men har en lång utveckingstid innan den börjar blomma i juli - augusti.

Om du sått rispen i slutet av mars ser den ut så här efter cirka fyra veckor. Nu är det dags för krukning!

Har du tillgång till ett litet växthus under tre-fyra veckor i
april och maj kommer rissplantorna att trivas alldeles utmärkt!

En enkel plasttunnel räcker annars bra för att rispen
ska få den värme den behöver under kyliga vårdagar.

När plantorna har fått 6-8 blad efter de första två hjärtbladen är det dags att plantera ut dem på friland. Rispen är inte särskilt frostkänslig.

Om plantorna sätts ut med jämna avstånd (cirla 20-25 cm) går det lätt att rensa mellan dem. Snart kommer också rispens bladrosetter att växa sig täta och ge ogräset liten chans att växa till sig.

Mot slutet av juni - början av juli börjar rispens blomstänglar att skjuta upp. I det här läget brukar rispen gilla att få lite extra näringstillskott för en rikare blomning de närmaste veckorna.

Nu börjar blomningen! Här är det vitrisp (Iceberg) som håller på att slå ut. Om två till tre dagar är den här knoppiga stjälken färdig att plockas.

Rispen trivs bäst under varma somrar. Planteras den tätt, cirka 20-25 cm mellan plantorna kommer bladrosetterna att bilda en täckande yta som minskar avdunstningen från marken. Vid längre torkperioder måste man bevattna rispen, speciellt när blomningen ska till att börja.

Vill man ha in fina kvistar av rispen bör man undvika att det regnar i de utslagna blommorna. Rispens hyllen bildar många små skålar som vattnet samlas i.

Särskilt den vita rispen blir missfärgad om vattnet får stå kvar flera dagar. Är ett större regnområde på väg är det klokt att plocka in alla utslagna stälkar.

Limonium sinuatum, blårisp, finns i flera färgnyanser: Market Growers Blue som är mörkt blå, Blue Cape och Heavenly Blue som båda är ljusblå.

Den rosa rispen finns också i flera färgnyanser t.ex. Roseum superbum och Market Rose.

Vit risp har faktiskt också fler varieteter,
men numera är Iceberg den dominerande.

Limonium bonduelli, gul risp är en egen varietet.
Den går i blom något tidigare än alla de andra rispsorterna.

Varma somrar - och särskilt om vi lyckas pricka in ett högtryck i slutet av juli - kommer vi att få en fin skörd med många vackra blommor att torka.

Kalla och regniga somrar kan rispen växa sig hög och behöva lite stöd för att hålla sig upprätta .

UTSIKT FRÅN EN HÄNGMATTA

Det är ganska mycket jobb med att odla eterneller, men det är inte svårt! Då och då känns det bra att lägga sig i hängmattan, planera och begrunda resultatet av sitt arbete.

Alla arbeten i odlingen har sin tid.
Sådden har sin tid, planteringen har sin tid. Gödsling, vattning och rensning har sin tid. Att skörda, torka och arrangera eternellerna har också sin tid.

Skördetiden är den tid som skiljer ut eternellodlingen från många andra odlingar. Här måste man vara extra noggrann och plocka blommorna i rätt tid. Väntar man för länge med att plocka blir blommorna fula eller går rentav sönder efter torkningen.

Vill du börja odla eterneller? Ett tips är att göra en egen odlingskalender. Här kan du skriva du upp fröinköp, datum för sådd, plantering och när du börjar skörda. Vädret är också bra att ha noterat. Odlingskalendern kommer du att ha glädje av kommande år när du anpassar odlingen efter dina förhållanden. Lycka till!